Impressum
Verlag: BABADADA GmbH, Nedderfeld 112 , 22529 Hamburg
Geschäftsführer / Verlagsleitung: Harald Hof
Druck: Books on Demand GmbH, In de Tarpen 42, 22848 Norderstedt

Imprint
Publisher: BABADADA GmbH, Nedderfeld 112 , 22529 Hamburg, Germany
Managing Director / Publishing direction: Harald Hof
Print: Books on Demand GmbH, In de Tarpen 42, 22848 Norderstedt, Germany

ښوونځی

בית ספר

כיתה
تقسیم
186/2
بورډ
לוח
د ښوونځي حویلی
ښوونکی
מורה
ورق
נייר
لیکل
כתב
قلم
עט
ډیسک
שולחן עבודה
خط کش
סרגל
کتاب
ספר
زده کونکی
תלמיד

کڅوړه
....
ילקוט

د پنسل بکسه
....
קלמר

پنسل
....
עיפרון

پنسل تراش
....
מחדד

ربړ
....
גומי מחיקה

د رسامی پاڼه
....
חוברת סרטוט

2
בית ספר - ښوونځی

د نقاشۍ بکس
....
קופסת צבעים

د نقاشۍ برس
....
מברשת

رسامي
....
סרטוט

د تمرين كتاب
....
ספר תרגול

سريښ
....
דבק

قیچي
....
מספריים

جمع
....
חיבר

شمير
....
מספר

کورنۍ دنده
....
שיעור בית

حساب
....
חישב

ضرب
....
הכפיל

منفي
....
חיסר

hello

کلمه
....
מילה

ABCDEFG
HIJKLMN
OPQRSTU
VWXYZ

الفبا
....
אלפבית

A

توری
....
אות

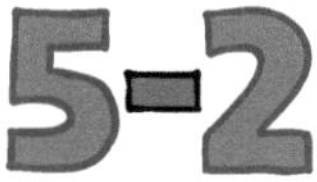

تباشير

....

גיר

لوستل

....

קרא

متن

....

טקסט

ازموينه

....

מבחן

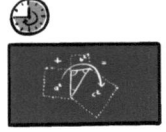

راجستر

....

יומן נוכחות

درس

....

שיעור

تعليم

....

חינוך

د ښوونځي يونيفارم

....

תלבושת בית ספר

تصديق پاڼه

....

תעודה

مايكروسكوپ

....

מיקרוסקופ

پوهنتون

....

אוניברסיטה

دايره المعارف

....

אנציקלופדיה

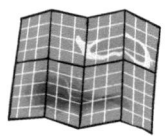

اشغالدانی

....

סל נייר

نقشه

....

מפה

נסיעה

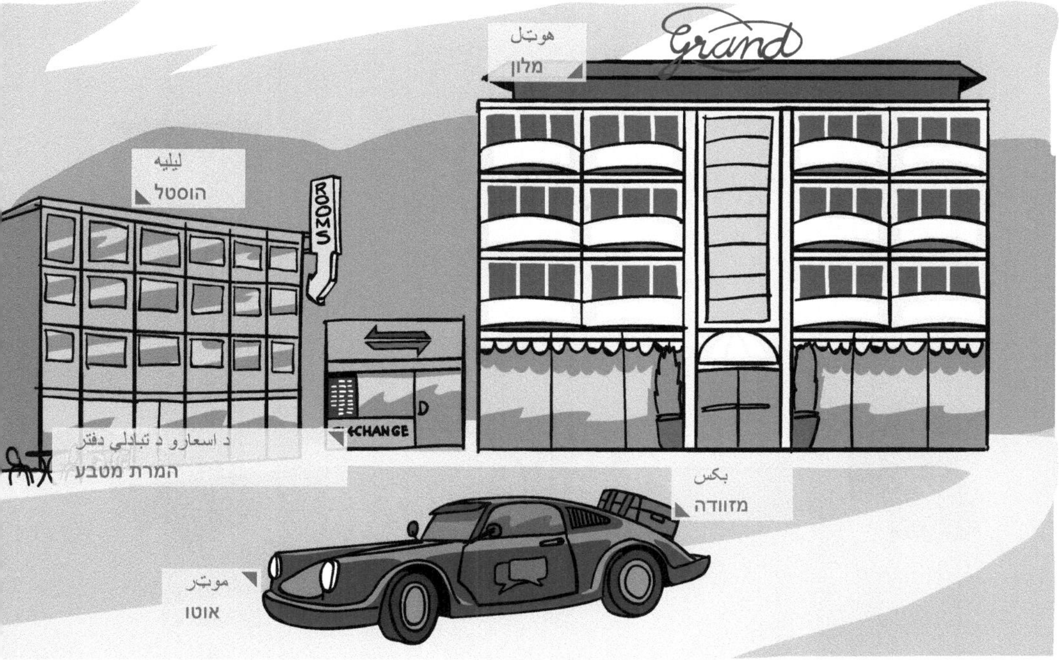
هوټل
מלון
Grand
ليليه
הוסטל
ROOMS
EXCHANGE
د اسعارو د تبادلي دفتر
המרת מטבע
بکس
מזוודה
موټر
אוטו

سمه ده

בסדר

هو/نه

כן / לא

ژبه

שפה

مننه

תודה

ژباړونکی

מתרגם

سلام

שלום

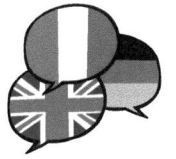

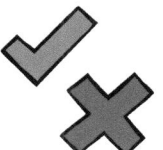

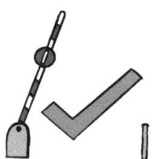

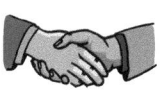

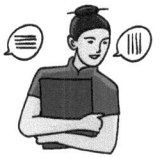

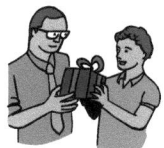

ستونزه

....

בעיה

زه نه پوهېږم

....

אני לא מבין

څومره دي...؟

....

כמה עולה.....?

شپه په خير!

....

לילה טוב!

سهار په خير!

....

בוקר טוב!

ماښام مو پخير!

....

ערב טוב!

سامان

....

כבודה

لارښود

....

כיוון

په مخه مو ښه

....

להתראות

ميلمه

....

אורח

شاتنى بكس

....

תרמיל גב

بيک

....

תיק

خيمه

....

אוהל

د خوب کڅوړه

....

שק שינה

خونه

....

חדר

کریډیټ کارت

כרטיס אשראי

ساحل

חוף ים

د توریزم معلومات

מרכז מידע לתיירים

د شپې خواړه

ארוחת ערב

د غرمي خواړه

ארוחת צהריים

ناری

ארוחת בוקר

مهر

בול

لفټ

מעלית

ټیکټ

כרטיס

سفارت

שגרירות

گمرک

מכס

پوله

גבול

پاسپورټ

דרכון

ویزه

אשרה

الوتكه
מטוס

بیری
אוניה

د اور ماشین
כבאית

بس
אוטובوس

ٹرک
משאית

موٹربوٹ کشتی
סירת מנוע

بائیک
אופניים

موٹر
אוטו

کشتی
מעבורת

کشتی
סירה

موٹرسائیکل
אופנוע

د پولیسو موٹر
ניידת משטרה

د ریس موٹر
מכונית מרוץ

کرایی موٹر
רכב שכור

ريفيوز ټرک

....

משאית זבל

جرثقيل لرونکی ټرک

....

אוטו גרר

د کرایه موټري

....

מכוניות בשיתוף

پټرول سټیشن

....

תחנת דלק

سونګ توکي

....

דלק

موټر

....

מנוע

جام ترافیک

....

פקק תנועה

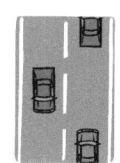

ترافیک

....

תנועה

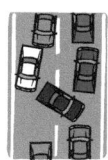

ترافيکي نښه

....

תמרור

پاټکي

....

פסי רכבת

د ریل سټیشن

....

תחנת רכבת

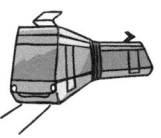

د موټرو تمځای

....

חניה

واګون

....

קרון

ټرام

....

רכבת קלה

ریل

....

רכבת

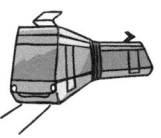

برج

מגדל

هوايي ډګر

שדה-תעופה

چورلکه

מסוק

کارتون

קרטון

کانټینر

קונטיינר

مسافر

נוסע

الوتنه کول/کښېناستل

המראה / נחיתה

ټوکرۍ

סל

کارټ

עגלה

ښار

עיר

کور

בית

د ښار مرکز

מרכז העיר

کلی

כפר

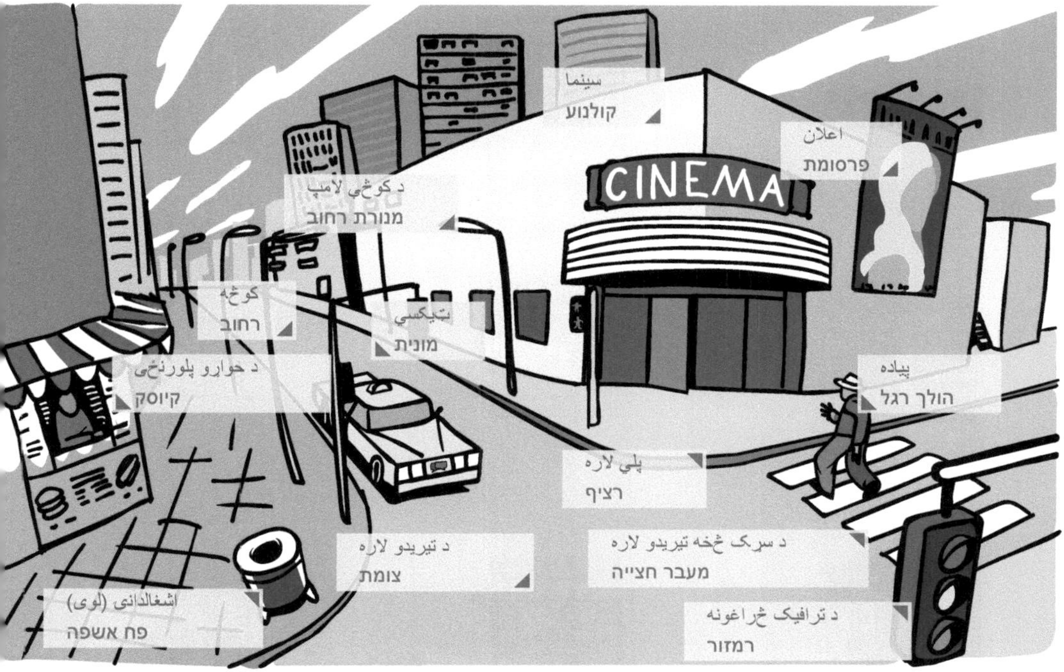

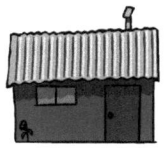

CINEMA
سینما
קולנוע
اعلان
פרסומת
د کوڅې لامپ
מנורת רחוב
کوڅه
רחוב
ټیکسي
מונית
د حوارو پلورنځی
קיוסק
پیاده
הולך רגל
پلې لاره
רציף
د تیریدو لاره
צומת
د سړک څخه تیریدو لاره
מעבר חצייה
اشغالدانی (لوی)
פח אשפה
د ترافیک څراغونه
רמזור

د ریل سټیشن

תחנת רכבת

اپارتمان

דירה

کوډله

בקתה

ښوونځی

בית ספר

میوزیم

מוזיאון

ټاون هال

עירייה

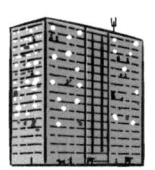

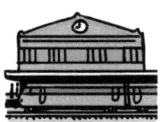

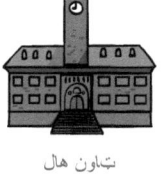

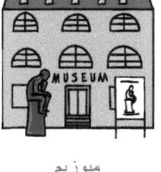

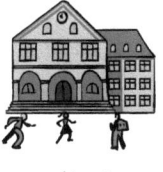

روغتون

בית חולים

بانک

בנק

پوهنتون

אוניברסיטה

دفتر

משרד

درملتون

בית מרקחת

هوټل

מלון

د ګلانو پلورنځی

חנות פרחים

پلورنځی

חנות

کتاب پلورنځی

חנות ספרים

د ډیپارټمنټ سټور

כל-בו

مارکیټ

שוק

لوی پلورنځی

סופרמרקט

لنګرتون

נמל

د پلور مرکز

קניון

کب پلورنځی

מוכר דגים

پل

....

גשר

بينچ

....

ספסל

پارک

....

פארק

تونل

....

מנהרה

د ځمکي لاندې

....

רכבת תחתית

زينه

....

מדרגות

ريسټورانټ

....

מסעדה

بار

....

בר

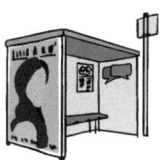

بس تمځای

....

תחנת אוטובוס

د پارک کولو میټر

....

מדחן

د کوڅې نښه

....

שלט רחוב

پوست بکس

....

תא דואר

مسجد

....

מסגד

د لامبو حوض

....

בריכת שחיה

ژوبڼ

....

גן חיות

هدیره

בית עלמין

ناپاکي

זיהום

کرونده

חווה

معبد/کلیسا

בית מקדש

د لوبو ډګر

מגרש משחקים

چرچ

כנסייה

منظره

נוף

עלה
د لاربښووني نښه
תמרור
لاره
דרך
چمن
מרעה
کاڼی
אבן
ونه
עץ
מטייל
سیند
واښه
דשא
פרח

دره
....
בקעה

غوندی
....
הר

ناور
....
אגם

ځنگل
....
יער

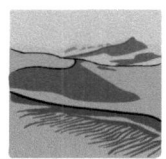

دشته
....
מדבר

اورشیندی
....
הר געש

كلا
....
טירה

رنگین کمان
....
קשת בענן

مرخيړي
....
פטריה

پلم ونه
....
דקל

ماشي
....
יתוש

الوتل
....
זבוב

میږی
....
נמלה

مچی
....
דבורה

غوندن/جولا
....
עכביש

كونكـتِ

חיפושית

چونگښه

צפרדע

نولى

סנאי

زيږکى

קיפוד

سوى

ארנב

كونك

ינשוף

مرغى

ציפור

قازه

ברבור

نرخوگ

חזיר בר

هوسى

צבי

گاوزه

אייל הקורא

بند

סכר

بادي توربين

טורבינת רוח

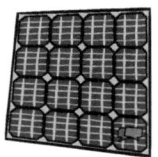

سولر تختى

פנל סולארי

اقليم

אקלים

ريسټورانټ

מסעדה

پيشخدمت
מלצר
مينو
תפריט
כסא
سوپ
מרק
پيزا
פיצה
ښاخې، چاقو، کاشوغه
סכו"ם
מפת שולחן

شيرني

קינוח

اصلي خواړه

מנה עיקרית

سټارټر

מנת פתיחה

بوتل

בקבוק

خواړه

אוכל

څښاک

שתיות

چای جوش

קנקן תה

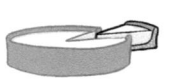

د کوڅې خواړه

אוכל רחוב

فاسټ فوډ

מזון מהיר

اسپرسو مشين

מכונת אספרסו

برخه

מנה

قندانی

מסכרת

مجمه

מגש

رسيد

חשבון

لوړه چوکی

כסא תינוק

قاشق

כף

پنجه

מזלג

چاکو

סכין

ګلاس

כוס

سورويت

מפית

چای قاشق

כפית

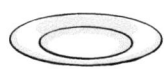

نالبکی
....
תחתית

د سوپ پلیټ
....
קערת מרק

پلیټ
....
צלחת

د مرچ ټکولو لوخی
....
מטחנת פלפל

مالګه شیندونکی
....
מלחייה

ساس
....
רוטב

مساله
....
תבלינים

غوړي
....
שמן

سرکه
....
חומץ

چکه
....
מיונז

شړشم
....
חרדל

کچ اپ
....
קטשופ

סופרמרקט

מבצע
FOR
پیرودونکی
לקוח
لبنیات
מוצרי חלב
میوه
פירות
لاسي څرخ
עגלת קניות

وزن کول

שקל

نانوایی

מאפייה

قصابي

אטליז

کنګل خواړه

מזון קפוא

غوښه

בשר

سبزیجات

ירקות

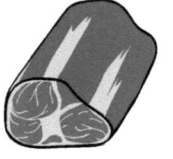

د مينځلو پودر

אבקת כביסה

كنسروا خواړه

שימורים

يخه غوښه

בשר קר

د پاکولو محصولات

חומר ניקוי

كورني توليدات

מוצרי בית

شيريني

ממתקים

صراف

קופאי

د نغدي راجستر

קופה

د پلور فرد

מוכרת

بټوه

ארנק

كاري ساعتونه

שעות פתיחה

د پيرود ليست

רשימת קניות

پلاستيک کڅوړه

שקית ניילון

کڅوړه

תיק

كريديټ كارت

כרטיס אשראי

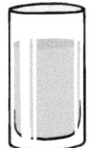

څښاک

שתיות

شیده

....

חלב

جوس

....

מיץ

اوبه

....

מים

بیر

....

בירה

واین

....

יין

کوک

....

קולה

چای

....

תה

ککاو

....

קקאו

الکول

....

אלכוהול

کپچینو

....

קפוצ'ינו

اسپرسو

....

אספרסו

کافي

....

קפה

نارنج

....

תפוז

مڕه

....

תפוח

کیله

....

בננה

گازره

....

גזר

لیمو

....

לימון

هندواڕه

....

אבטיח

پیاز

....

בצל

بانکس

....

במבוק

هوڕه

....

שום

آش

....

אטריות

چغزی

....

אגוזים

مرخيري

....

פטריות

سلاد

....

סלט

وريجې

....

אורז

سپیګټي

....

ספגטי

پيزا

....

פיצה

سره کړي کچالو

....

צ'יפס

چپس

....

צ'יפס

کتره

....

שניצל

ساندويچ

....

כריך

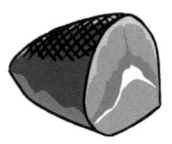

همبرګر

....

המבורגר

ساسچ

....

נקניקיה

سلمي

....

סלאמי

د پتون غوښه

....

שינקין

کب

....

דג

روسټ

....

טיגון

چرګ

....

עוף

د جوار پلی
....
קורנפלקס

موسلي
....
מוזלי

د وربشي شيرني
....
שיבולת שועל

د ډوډی رول
....
לחמנייה

كروسانت
....
קרואסון

اوړه
....
קמח

بسکیټ
....
עוגיות

ټوسټ
....
טוסט

ډوډی
....
לחם

کیک
....
עוגה

چکه
....
גבינה לבנה

کوچ
....
חמאה

پنیر
....
גבינה

پښې هګی
....
ביצת עין

هګی
....
ביצה

آيس كريم	بوره	شهد
גלידה	סוכר	דבש

مربا	نوگات كريم	كوركمان
ריבה	ממרח נוגט	קארי

کرونده

חווה

د کروندې خونه
בית חווה
غوجل
אסם
د بوسو ګېډۍ
חבילת שחת
ځمکه
שדה
اس
סוס
لاس ګاډی
עגלת נגרר
ټریکټر
טרקטור
کوچنی اس
סייח
خر
חמור
پسه
כבש
وری
טלה

وزه
....
עז

غوا
....
פרה

خوسکی
....
עגל

خوګ
....
חזיר

د خوګ بچی
....
חזרזיר

غویی
....
שור

چرگوری

אפרוח

هیلی

ברווז

بته

אווז

سارای موږک

חולדה

بانگي

תרנגול

چرگه

תרנגולת

غویی

שור

موږک

עכבר

پیشک

חתול

د باغ هوز

צינור השקיה

د سپي خونه

מלונה

سپی

כלב

یوی

מחרשה

لور (داس)

חרמש

د اوبو لوخی

קנקן מים

ښاخی

....

קלשון

رمبی

....

מגרפה

لور

....

מגל

ناوه

....

שוקת

کراچۍ

....

מריצה

تبر

....

גרזן

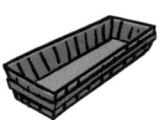

کټاره

....

גדר

جوال

....

שק

د شیدو لوخی

....

כד חלב

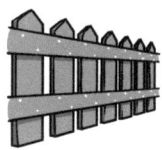

خاوره

....

אדמה

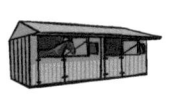

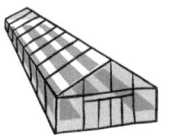

شنه خونه

....

חממה

مضبوط

....

אורווה

گډ ریبونکی ماشین

....

מקצרה

سره/کود

....

דשן

تخم

....

זרע

خوارہ کچالو

בטטה אפריקנית

درمند

קציר

زیرمه کول

קצר

کچالو

תפוח אדמה

سویا

סויה

غنم

חיטה

د میوې ونه

עץ פירות

نباتي تخم

קנולה

جوار

תירס

غله

דגנים

مانیوک

קסבה

کور

בית

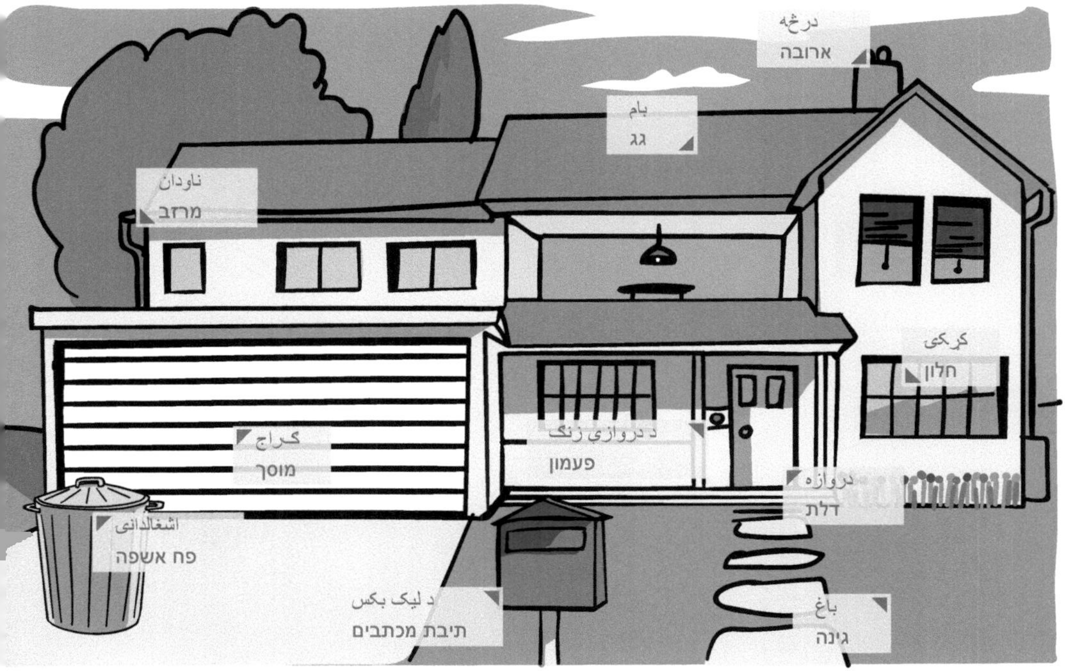

درځه
ארובה
بام
גג
ناودان
מרזב
کړکۍ
חלון
ګراج
מוסך
د دروازې زنګ
פעמון
دروازه
דלת
اشغالدانی
פח אשפה
د لیک بکس
תיבת מכתבים
باغ
גינה

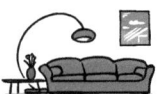

پخلنځی

מטבח

حمام

חדר אמבטיה

د اوسیدو خونه

סלון

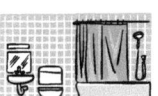

د خوارو خونه

חדר אוכל

د ماشوم خونه

חדר ילדים

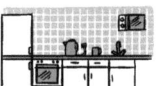

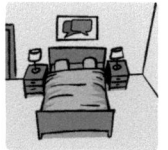

د ویده کیدو خونه

חדר שינה

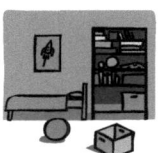

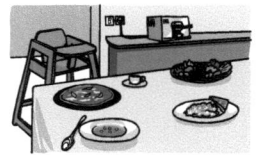

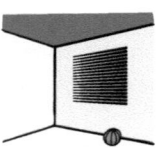

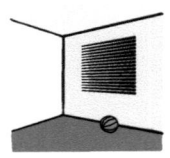

چت

תקרה

دیوال

קיר

فرش

רצפה

بالكوني

מרפסת

سونا

סאונה

زیرخانه

מרתף

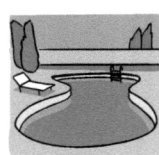

د چمن وهلو ماشین

מכסחת דשא

حوض

בריכה

ټراس

מרפסת

تخت

מיטה

روجایی

כיסוי מיטה

شیټ

סדין

سویچ

מפסק

بوکه

דלי

جارو

מטאטא

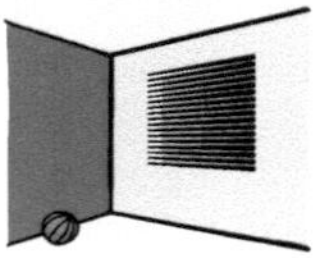

والپیپر
טפט

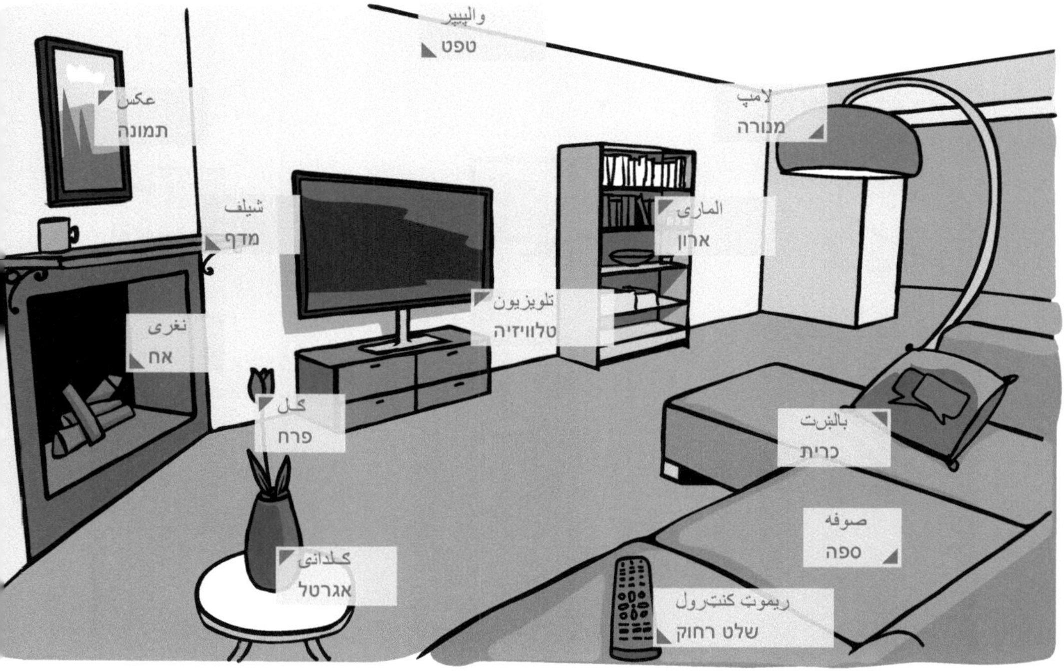

لامپ
מנורה

عکس
תמונה

شیلف
מדף

الماری
ארון

نغرى
אח

تلویزیون
טלוויזיה

گل
פרח

بالښت
כרית

صوفه
ספה

گلدانی
אגרטל

ریموت کنترول
שלט רחוק

غالی
שטיח

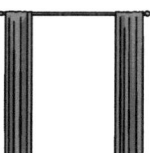

پرده
וילון

میز
שולחן

چوکی
כסא

تاویدونکی چوکی
כיסא נדנדה

بازو لرونکی چوکی
כורסה

ډيکوريشن

דקורציה

کمپل

שמיכה

کتاب

ספר

هايـفاى

מערכת סטריאו

فلم

סרט

د اور لرګـي

עצי הסקה

نقاشي

ציור

ورځپاڼه

עיתון

کلي

מפתח

کتابچه

מחברת

راډيو

רדיו

پوسټر

פוסטר

شمع

נר

کاکتوس

קקטוס

واکيوم جارو

שואב אבק

پخلنځی
מטבח

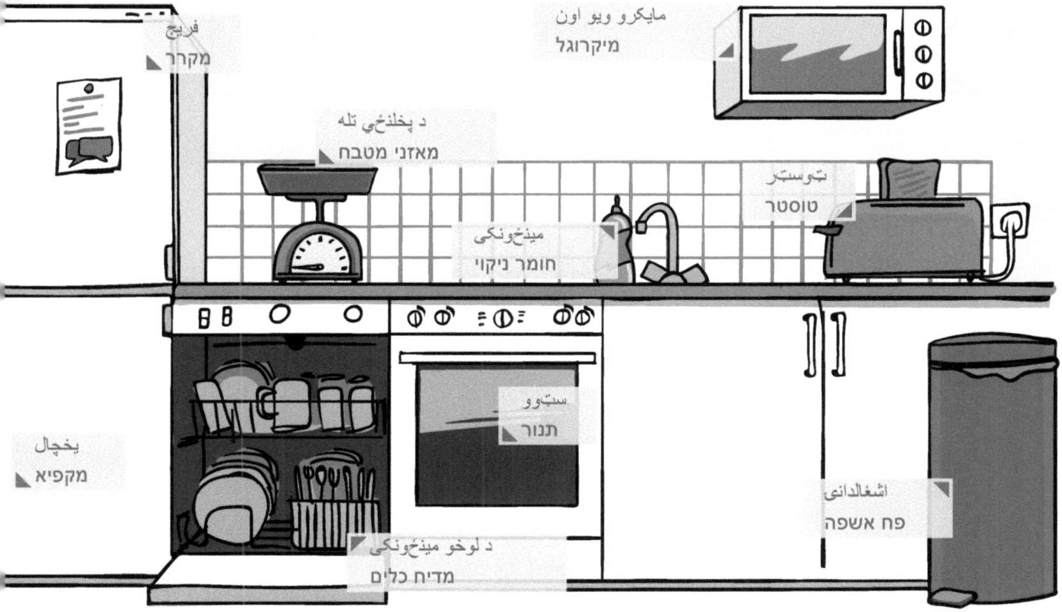
فریج
מקרר
مایکرو ویو اون
מיקרוגל
د پخلنځي تله
מאזני מטבח
ټوسټر
טוסטר
مینځونکی
חומר ניקוי
سټوو
תנור
یخچال
מקפיא
اشغالدانی
פח אשפה
د لوخو مینځونکی
מדיח כלים

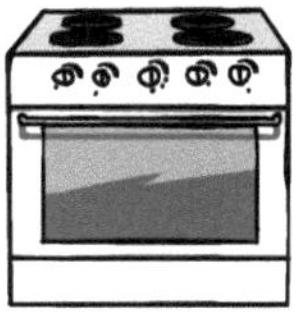

دیگ بخار
תנור

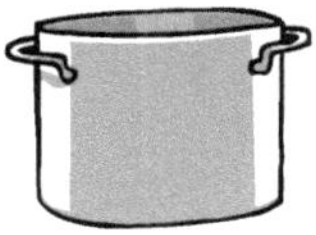

لوخی
סיר

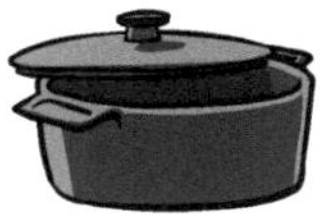

چدني لوخی
סיר ברזל

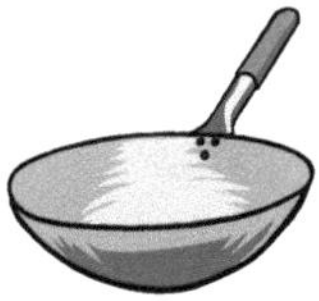

ووک
ווק

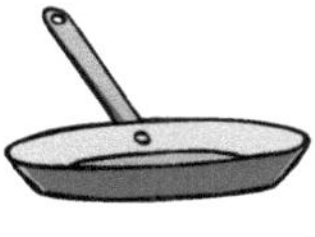

د تلي په
מחבת

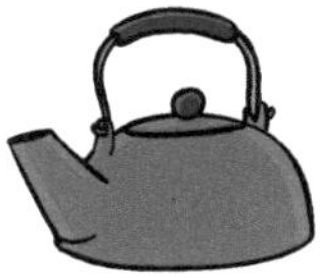

چای جوش
קומקום חשמלי

لوخي

כלי אוכל

پتنوس

מגש אפייה

د بخار دیګ

מאדה

د رانیولو اوزار

צ'ופסטיקס

کاسه

קערה

مګ

ספל

پاکونکی

מטרפה

کفګیر

מרית

څمڅۍ

מצקת

ګریټر

מגרדת

غلبیل

מסננת

صافي

מסננת בישול

خلاص اور

מדורה

بار بي کیو

גריל

اونګ

מכתש

کارک سکریو

....

פותחן פקקים

هوارونکی

....

מערוך

تخته

....

קרש חיתוך

د لوخي ټوټه

....

מטלית

د ټیم خلاصونکی

....

פותחן קופסאות

ټیم

....

פחית

سپنج

....

ספוג

برس

....

מברשת

ظرف شوی

....

כיור

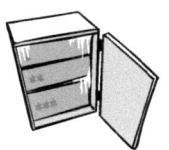

د ماشوم بوتل

....

בקבוק לתינוק

ژور یخچال

....

מקפיא

بلینډر

....

בלנדר

نل

....

ברז

شاور
מקלחof

تودول
חימום

جان پاک
מגבof

د شاور پرده
וילון מקלחof

ببل حمام
אמבטיית קצף

د حمام تب
אמבטיה

سلاس
כos

د ماشین لو مشین
מכונת כביסה

تونالیت
אריחים

لن
ברof

يو دول كمود
סיר לילה

ظرف شوی
כיור

تشناب

אסלה

فرشي کمود

אסלת כריעה

کمود

בידה

د متیازو خای

משoنתנה

تشناب کاغذ

נייר טואלט

د تشناب برس

מברשת אסלה

د غاښونو نخ
....
חוט דנטלי

د غاښونو کریم
....
משחת שיניים

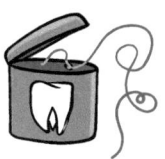

د غاښونو برس
....
מברשת שיניים

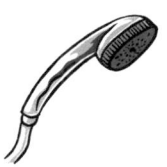

دوش
....
צינור שטיפה לשירותים

لاسي شاور
....
מקלחת יד

مینځل
....
שטף

صابون
....
סבון

د شا برس
....
מברשת גב

خانک
....
קערת רחצה

فلانل جامه
....
ליפה

شامپو
....
שמפו

د شاور ژل
....
ג'ל רחצה

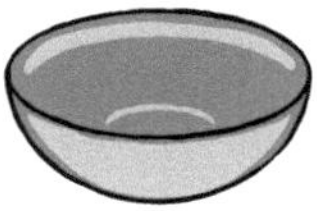

سپری
....
דיאודורנט

کریم
....
קרם

وچول
....
ניקוז

חדר אמבטיה - حمام

39

ریزر

סכין גילוח

لاسي آینه

מראת יד

آینه

מראה

ګمنځ

מסרק

د خریلو وروسته

אפטרשייב

د خریلو فوم

קצף גילוח

د ویښتانو سپری

ספריי לשיער

د ویښتانو وچونکی

מייבש שיער

برس

מברשת

د نوکانو پالش

לק

لیپ سټیک

שפתון

میک اپ

איפור

عطر

בושם

ناخن ګیر

מספריים לציפורניים

کاټن وری

צמר גפן

د وزن کولو تله
....
משקל

سټول
....
שרפרף

د مینځلو کڅوړه
....
תיק כלי רחצה

ټامپون
....
טמפון

د ربړ دستکش
....
כפפות גומי

د حمام پوښاک
....
חלוק רחצה

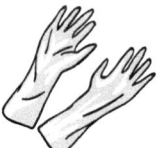

کیمیکل تشناب
....
שירותים כימיקליים

صحیې جان پاک
....
תחבושת סניטרית

د الارم ساعت
שעון מעורר

د لوبو وسایل
צעצוע חיבוק

د ناناخکي موټر
מכונית צעצוע

ریټل
רעשן

د ناناخکو خونه
בית בובות

بالی
מתנה

بالون
بلون

تخت
מיטה

کالسکه
עגלה

د لوبو ورقي
משחק קלפים

جیکسا
פאזל

مسخره
קומיקס

د اکشن فیګور

....

דמות משחק

د ناڅکو بلاک

....

קוביות משחק

لیګو بریک

....

לגו

موبایل

....

נייד

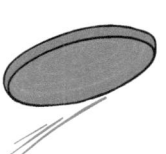

فریزبي

....

פריזבי

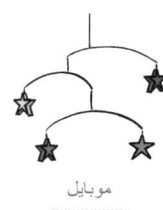

د ماشوم پوښاک

....

סרבל תינוקות

ماډل ریل سیټ

....

רכבת צעצוע

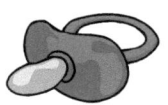

تاس

....

קוביה

بورډ لوبه

....

משחק לוח

د عکسونو البوم

....

אלבום תמונות

پارټي

....

מסיבה

ګونګشی

....

מוצץ

لوبیدل

....

שיחק

ناڅکه

....

בובה

بال

....

כדור

نانځکي

....

צעצועים

سوینګ

....

נדנדה

د شګو کنده

....

ארגז חול

ګوډګه

....

דובון

ټرای سایکل

....

אופניים תלת גלגלי

د ویډیو لوبو کنسول

....

קונסולת משחקים

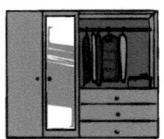

د کالو الماری

....

ארון בגדים

پوښاک

בגדים

ټایټس

....

גרביון

لوړې جرابې

....

גרביונים

جرابې

....

גרביים

زروکی
צעיף

چترى
מטריה

חולצת טי

کمربند
חגורה

سنیکر
נעלי ספורט

מגפיים

سلیپر
נעלי בית

سیندل

סנדלים

بوټان

נעליים

د ربړ بوټان

מגפי גומי

زیرنیکري

תחתונים

سینه بند

חזייה

واسکټ

וסט

جينز

ג'ינס

پتلون

מכנסיים

بادي

גוף

شرټ

חולצה

بلاوز

חולצה מכופתרת

لمن

חצאית

بليزر

בלייזר

سويټر

סווצ'ר עם קפוצ'ון

بنيان

אפודה

د باران کوټ

מעיל גשם

کوټ

מעיל

جاکټ

ז'קט

د واده پوښاک

שמלת כלה

کالي

שמלה

پوښاک

תלבושת

پاجامه

פיג'מה

د شپې پوښاک

כותונת לילה

دریشي

חליפה

پټکی

טורבן

لوپټه

מטפחת ראש

ساړي

סארי

عبا

עבאיה

کفتن

קאפטן

برقه

בורקה

شارټ

מכנסיים קצרים

نیکر

בגד ים

د لامبو پوښاک

בגד ים

دستکش

כפפות

پیش بند

סינר

د ځغاستې پوښاک

בגד אימון

لاس بند

....

צמיד יד

عینک

....

משקפיים

بټن

....

כפתור

غوږوالۍ

....

עגיל

ګوتمه

....

טבעת

غاړه کۍ

....

שרשרת

خولۍ

....

כובע

کوټ بند

....

קולב

خولۍ

....

כובע

هیلمیټ

....

קסדה

ځنځیر

....

רוכסן

ټایی

....

עניבה

یونیفارم

....

מדים

د ښوونځي یونیفارم

....

תלבושת בית ספר

ترونکی

....

כתפיות

نيپي

חיתול

گـونكـشی

מוצץ

بيب

מפית אוכל

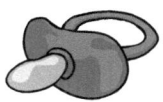

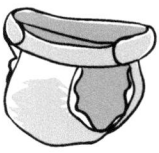

دفتر

משרד

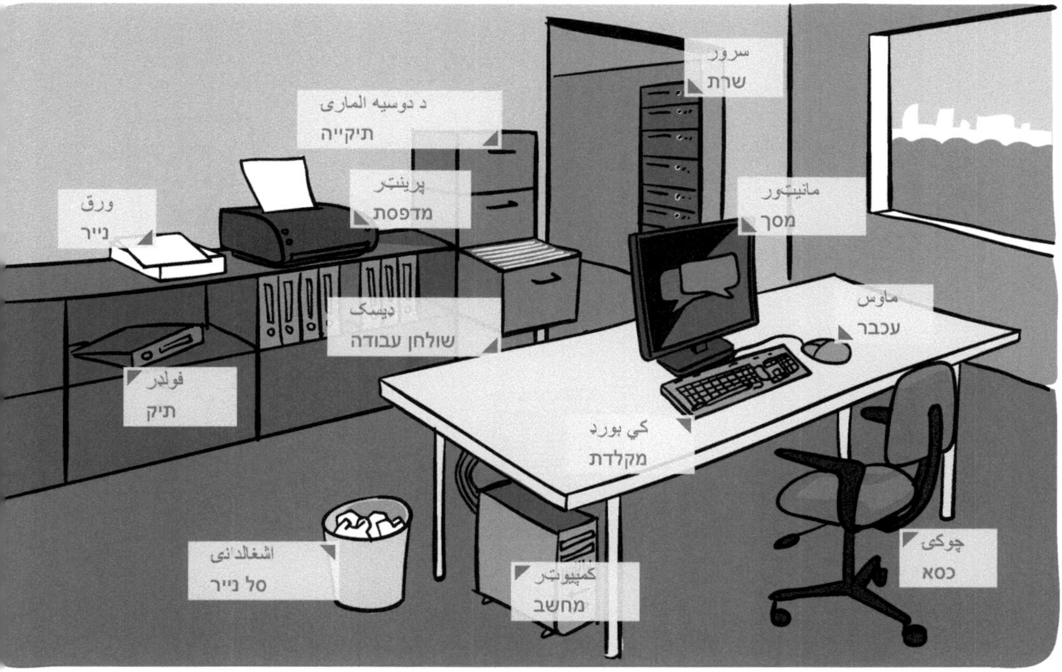

سرور
שרת
د دوسيه الماری
תיקייה
ورق
נייר
پرينټر
מדפסת
מסך
ماوس
עכבר
שולחן עבודה
תיק
کي بورډ
מקלדת
اشغالدانی
סל נייר
کمپيوټر
מחשב
چوکی
כסא

انټرنيټ

אינטרנט

کالکوليټر

מחשבון

د کافي پياله

ספל קפה

پیغام

הודעה

لیک

מכתב

لپ تاپ

מחשב נייד

فوتوکاپیر

מכונת צילום

نیتورک

רשת

موبایل

נייד

پلک ساکت

שקע

تلیفون

טלפון

سافتویر

תוכנה

سند

מסמך

فارم

טופס

فکس مشین

פקס

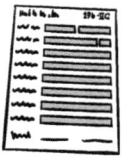

اقتصاد
כלכלה

سوداګري کول

סחר

تادیه کول

שילם

پیرل

קנה

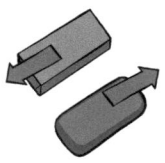

یورو

יורו

ډالر

דולר

پیسې

כסף

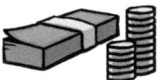

سویسي فرانک

פרנק שווייצרי

ربل

רובל

ین

ין

د نغدي پیسو ځای

כספומט

روپۍ

רופי

رینمینبي یوان

יואן רנמינבי

د اسعارو د تبادلي دفتر

....

המרת מטבע

سره زر

....

זהב

سپین زر

....

כסף

تيل

....

נפט

انرژي

....

אנרגיה

نرخ

....

מחיר

قرارداد

....

חוזה

ماليه

....

מס

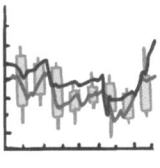

اسهام

....

מנייה

کار کول

....

עבד

کارمند

....

עובד

کار ګومارونکی

....

מעסיק

فابریکه

....

מפעל

پلورنځی

....

חנות

מקצועות

د پولیسو افسر
שוטר
د اطفایه غړی
כבאי
آشپز
טבח
רופא
پیلوټ
טייס

خیاط

תופרת

نجار

נגר

باغوان

גנן

د فلم لوبغاړی

שחקן

کیمیا پوه

כימאי

قاضي

שופט

کب نيونکی

דייג

د ټيکسي ډرايور

נהג מונית

د بس ډرايور

נהג אוטובוס

پېشخدمت

מלצר

بام جوړونکی

מתקן גגות

خدمه

עובדת נקיון

نانوا

אופה

نقاش

צייר

ښکاري

צייד

انجنير

מהנדס

تعمير جوړونکی

עובד בניין

د برښنا کارکونکی

חשמלאי

پوست رسونکی

דוור

نلدوان

אינסטלטור

قصاب

קצב

صراف

קופאי

مهندس

אדריכל

سرتيری

חייל

کلینډر

כרטיסן

نایی

ספר

مالیار

מוכר פרחים

د غاښونو ډاکټر

רופא שיניים

کپتان

קברניט

میکانیک

מכונאי

امام

אימאם

ښاغلی

רב

ساینس پوه

מדען

پادري

כומר

مذهبي نفر

נזיר

لوازم

כלי עבודה

פטיש
پلاس
צבת
پیچکش
מברג
رینچ
מפתח ברגים
פנס

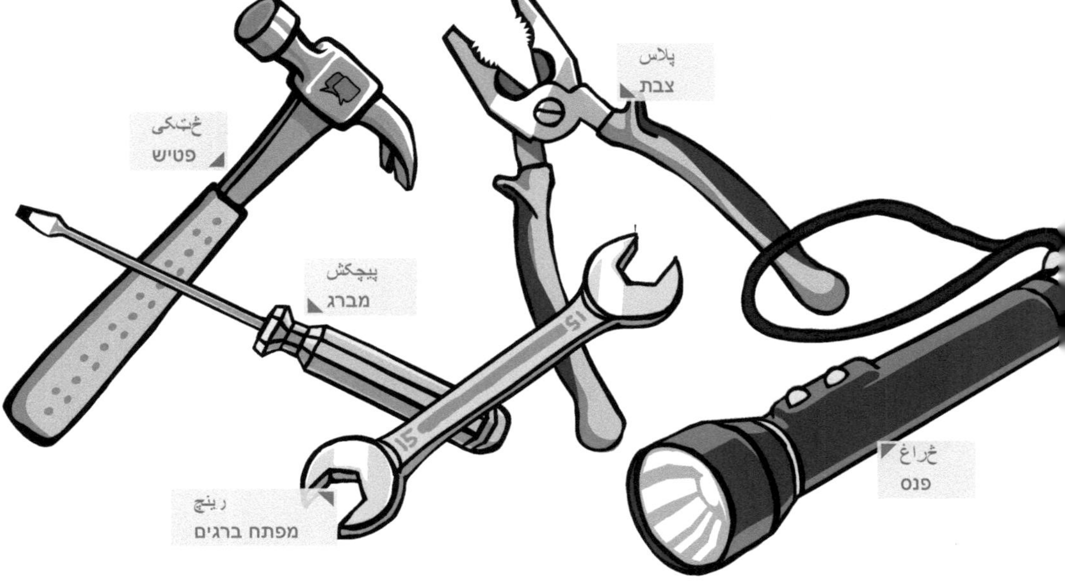

زینه

סולם

د لوازمو بکس

ארגז כלים

کنستونکی

דחפור

برمه

מקדחה

میخونه

מסמרים

اره

מסור

ترمیم کول

تיקן

بیل

את חפירה

لعنت!

לעזאזל!

خاک انداز

יעה

مشواڼی

פח צבע

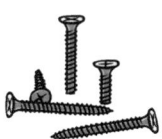

پیچونه

ברגים

د میوزیک آلات

כלי נגינה

درم سیت
מערכת תופים ◢

لاوډ سپیکر
רמקול ◢

گیتار
גיטרה ◢

کنترباس
קונטרבס ◢

ترومپیټ
חצוצרה ◢

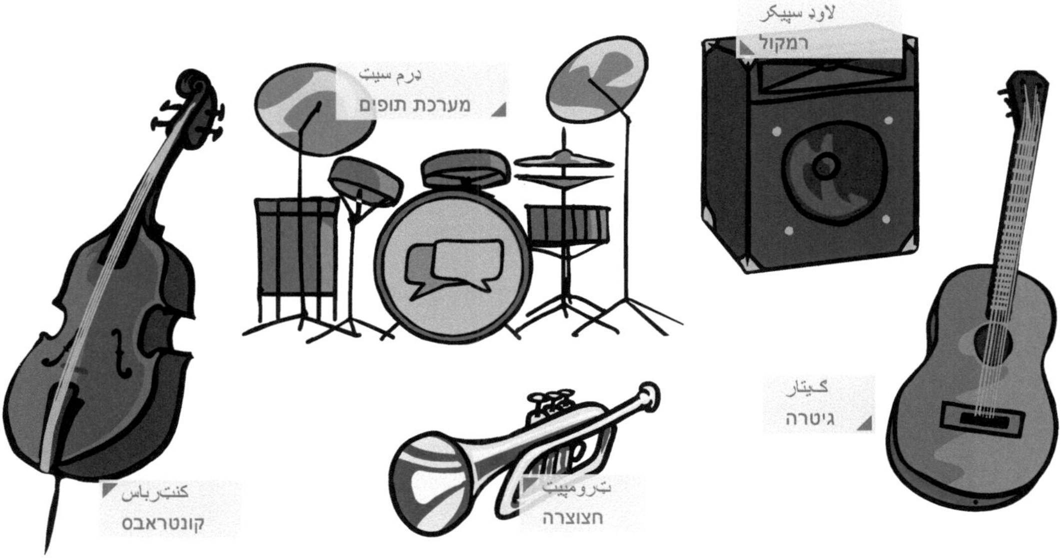

باس

בס

وایلن

כינור

پیانو

פסנתר

كي بورډ

מקלדת פסנתר

ډرمونه

תופים

نغاره

תוף הדוד

مایکروفون

מיקרופון

شپیلۍ

חליל

سیکسافون

סקסופון

پرانک
נמר

اهلانوتو
כניסה

پنجره
כלוב

کوره‌خر
זברה

د ژوېو خواړه
מזון לחיות

پاندا
פנדה

ژوی
....
בעלי חיים

هاتي
....
פיל

کنگرو
....
קנגרו

د اوبو اسپ
....
קרנף

گوریلا
....
גורילה

ایر.ه
....
דוב

زمری
אריה

شترمرغ
יען

اوبش
גמל

طوطي
תוכי

غزی
פלמינגו

بیزو
קוף

شارک
כריש

پینگوین
פינגווין

قطبي اير.ه
דוב הקרח

تمساح
תנין

مار
נחש

طاوس
טווס

جگوار
יגואר

سيل
כלב ים

ژوبن ساتونکی
שומר גן החיות

هيپو

....

היפופוטאם

پڕانگ

....

לאופרד

يابو

....

סוס פוני

نرخوک

....

חזיר בר

باز

....

נשר

زرافه

....

ג'ירפה

سمندري نولی

....

סוס ים

شمشتی

....

צב

کب

....

דג

هوسی

....

איילה

گیدڕه

....

שועל

امریکایی فتبال
פוטבול אמריקאי

سایکل خغلول
רכיבת אופניים

باسکیتبال
כדורסל

تینیس
טניס

لامبو
שחיה

د کنگل هاکی
הוקי

باکسینک
אגרוף

فتبال
כדורגל

کسیزه
בדמינטון

د خغاستی لوبی
אתלטיקה

د هندبال
כדור-יד

سکي
עשה סקי

پولو
פולו

فعاليتونه

פעילויות

חיבק
سندرې ويل
שר
הלך
خوب ليدل
חלם
عبادت کول

ښودل

הראה

کښل

צייר

ليکل

כתב

اخيستل

לקח

ورکول

נתן

ټېله کول

דחף

پاییدل

....

היה

کول

....

עשה

درلودل

....

יש / להיות הבעלים

راکښل

....

משך

منډې وهل

....

רץ

ودریدل

....

עמד

څملاستل

....

שכב

لویدل

....

נפל

ګوزارل

....

זרק

کښیناستل

....

ישב

وړل

....

סחב

انتظار کول

....

חיכה

پاڅیدل

....

התעורר

ویده کیدل

....

ישן

پوښاک اغوستل

....

התלבש

بريد کول

ליטף

ژړل

בכה

کتل

הסתכל ב-

پوهيدل

הבין

خبري کول

דיבר

ګمنځ کول

סירק

څښل

שתה

اوريدل

שמע

غوښتل

שאל

مينه کول

אהב

پاکول

סידר

خوړل

אכל

الوتل

עף

موټر چلول

נהג

پخلی کول

בישל

لوستل

קרא

حساب

חישב

بیړی چلول

שט

واده کول

התחתן

کار کول

עבד

زده کول

למד

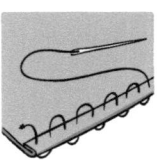

وژل

הרג

د غاښونو برس کول

ציחצח שיניים

ګنډل

תפר

لیږل

שלח

سګرټ څښل

עישן

کورنۍ

משפחה

میلمه
....
אורח

ترور
....
דודה

کاکا/ماما
....
דוד

ورور
....
אח

خور
....
אחות

بدن

גוף

تندی
מצח
עין
مخ
פנים
زنه
סנטר
سينه
חזה
אצבע
لاس
כף יד
مټ
זרוע
اوږه
כתף
پښه
רגל

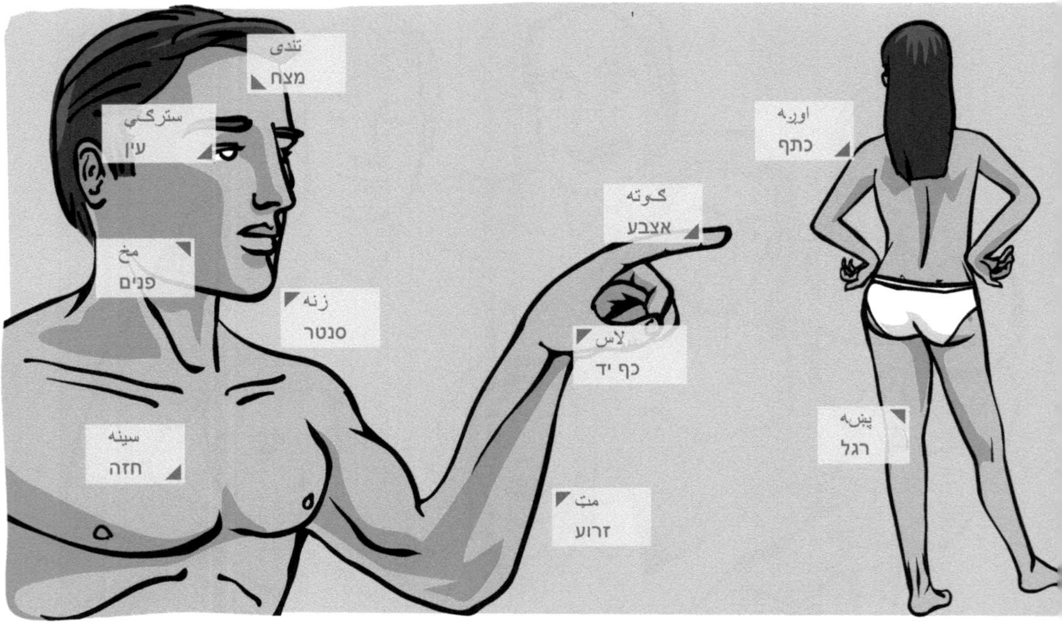

ښځه

אישה

سړی

איש

ماشوم

תינוק

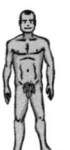

سر

ראש

هلک

ילד

انجلی

ילדה

نوم

טבור

خېټه

בטן

شا

גב

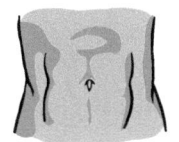

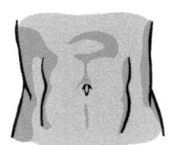

هډوکی

עצם

پونده

עקב

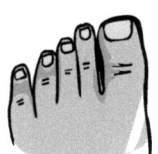

د پښې ګوته

אצבע

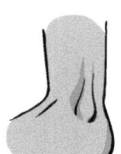

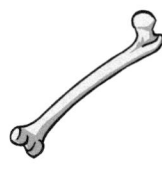

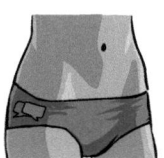

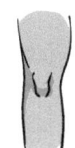

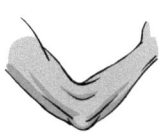

څنګل

מרפק

زنګون

ברך

کوناټی

ירך

پوټکی

עור

لاندې برخه

עכוז

پوزه

אף

شونډه

שפתיים

غوږ

אוזן

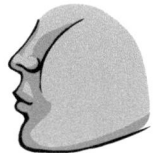

غومبوری

לחי

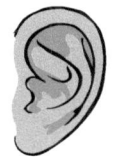

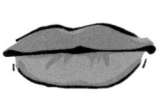

ژبه

לשון

غاښ

שן

خوله

פה

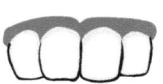

عضله

שריר

زړه

לב

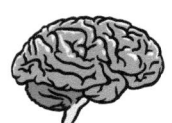

مغز

מוח

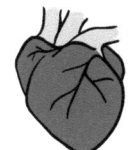

معده

קיבה

ځيګر

כבד

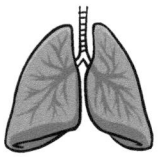

سږی

ריאה

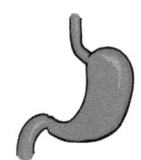

کاندوم

קונדום

جنسي نږدې والی

מין

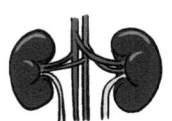

پښتورګي

כליות

حمل

הריון

مني

זרע

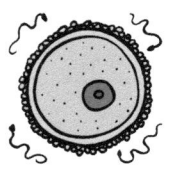

تخمه

ביצית

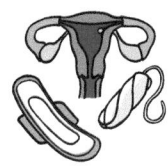

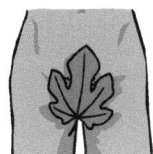

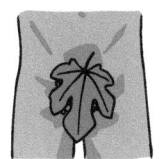

د نارينه تناسلي آله

....

פין

مهبل

....

נרתיק

حيض

....

ווסת

غاړه

....

צוואר

ویښته

....

שיער

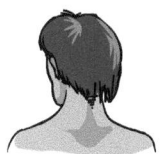

وروځې

....

גבה

روغتون
בית חולים

امبولانس
אמבולנס
ويل چير
כיסא גלגלים
کسر
שבר

رنځورپال

אחות

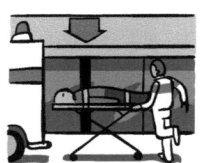

عاجل خونه

חדר מיון

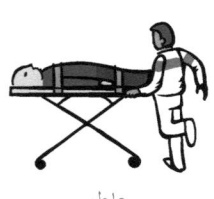

ډاکټر

רופא

درد

כאב

بې هوش

חסר הכרה

عاجل

חירום

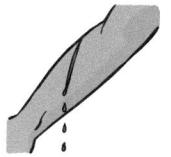

د زړه حمله

התקף לב

وینه تویدل

דימום

ټپ

פציעה

ټوخی

שיעול

حساسیت

אלרגיה

ضرب

שבץ

نس ناستی

שלשול

انفلوینزا

שפעת

تبه

חום

شکر

סוכרת

سرطان

סרטן

سر درد

כאב ראש

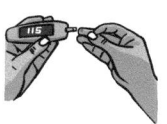

عملیات

ניתוח

سکالپل

אזמל

جراح

מנתח

التراساوند

אולטרסאונד

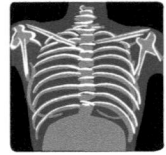

ایکس ری

רנטגן

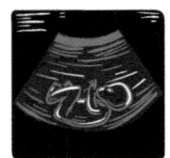

سي.ټي

סי-טי

انتظار خونه

חדר המתנה

ناروغي

מחלה

د مخ ماسک

מסיכת פנים

بنداژ

תחבושת

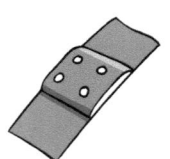

پلستر

פלסטר

امسآ

קבה

تسکیره

אלונקה

ستاتسکوپ

סטטוסקופ

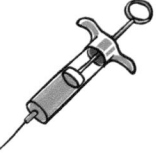

تزریق

זריקה

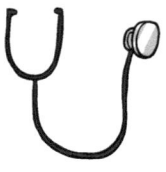

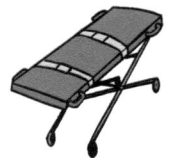

زیات وزن

עודף משקל

زيږون

לידה

کلینکي ترماميټر

מד חום

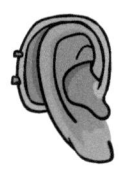

عفونیت

....

זיהום

د عفونیت ځخه پاکونکي مواد

....

מחטא

د اوریدو مرسته

....

מכשיר שמיעה

درمل

....

תרופה

ایچ.آی.وی/ایډز

....

איידס

ویروس

....

נגיף

ګولۍ

....

גלולה

ټابلیټس

....

טבליות

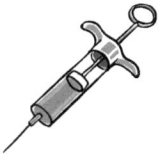

واکسین

....

חיסון

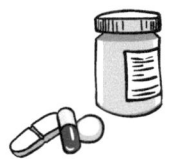

ناروغ/روغ

....

חולה / בריא

د ويني د فشار ځارونکی

....

מד לחץ דם

عاجل تليفون

....

קריאת חירום

عاجل

חירום

يرغل

פשיטה

الارم

אזעקה

مرسته!

הצילו!

عاجل لاره

יציאת חירום

خطر

סכנה

برید

תקיפה

پیښه

תאונה

د اور وژونکی

מטף כיבוי

اور!

אש!

پولیس

משטרה

ایس.او.ایس

הצילו!

د لومړۍ مرستې لوازم

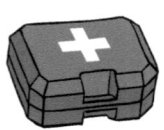

ערכת עזרה ראשונה

כדור הארץ

سهيلي امريکا

....

דרום אמריקה

شمالي امريکا

....

צפון אמריקה

اروپا

....

אירופה

آسټريليا

....

אוסטרליה

آسيا

....

אסיה

افريقا

....

אפריקה

د هند بحر

....

האוקיינוס ההודי

پاسيفيک

....

האוקיינוס השקט

اتلانتيک

....

האוקיינוס האטלנטי

شمالي قطب

....

הקוטב הצפוני

د شمال قطب بحر

....

האוקיינוס הארקטי

جنوبي منجمد بحر

....

האוקיינוס האנטרקטי

ځمکه

....

כדור הארץ

انټارکټيکا

....

אנטארקטיקה

سهيلي قطب

....

הקוטב הדרומי

ټاپو

....

אי

بحر

....

ים

ځمکه

....

אדמה

دولت

....

מדינה

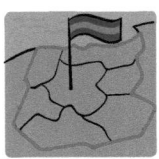

ملت

....

לאום

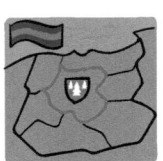

ساعت

שעון

د دقيقي ستنه

....

מחוג הדקות

د ساعت ستنه

....

מחוג השעות

د مخې ساعت

....

פני השעון

ورځ

....

יום

څه وخت دی؟

....

מה השעה?

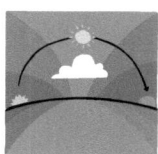

د ثانيې ستنه

....

מחוג השניות

ډيجيټل ساعت

....

שעון דיגיטלי

اوس

....

עכשיו

وخت

....

זמן

ساعت

....

שעה

دقيقه

....

דקה

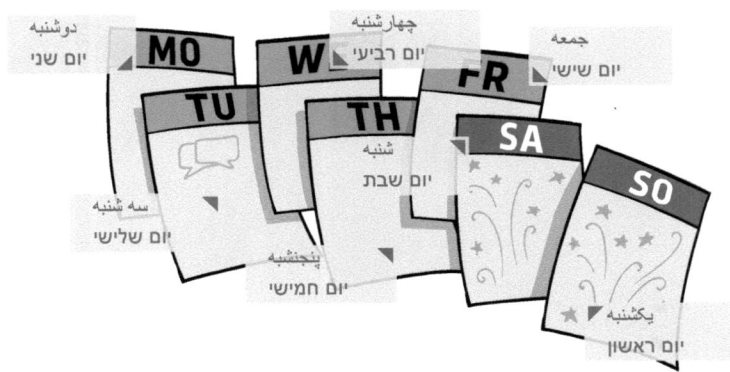

اونۍ
שבוע

پرون
....
אתמול

نن
....
היום

سبا
....
מחר

سهار
....
בוקר

غرمه
....
צהריים

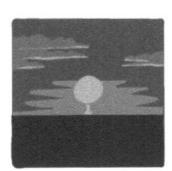

ماښام
....
ערב

کاري ورځې
....
ימי עבודה

د اونۍ پای
....
סוף שבוע

שנה

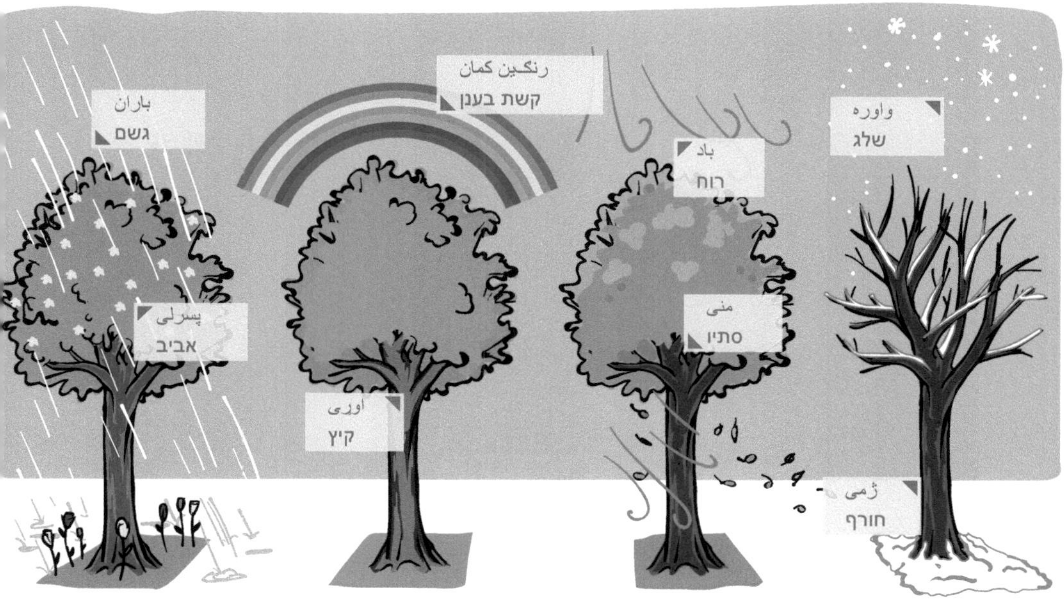
باران
גשם
رنګين کمان
קשת בענן
باد
רוח
واوره
שלג
پسرلی
אביב
اوړی
קיץ
منی
סתיו
ژمی
חורף

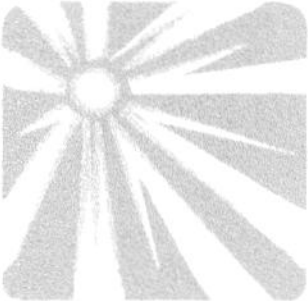

د لمر وړانګې

אור שמש

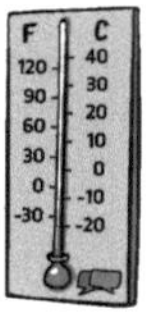
F C
120 40
90 30
60 20
30 10
0 0
-30 -10
-20

ترموميټر

מד חום

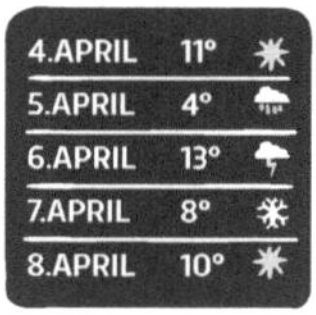
4.APRIL 11°
5.APRIL 4°
6.APRIL 13°
7.APRIL 8°
8.APRIL 10°

د موسم وړاندوينه

תחזית מזג האוויר

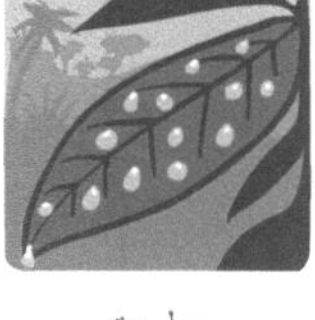

رطوبت

לחות

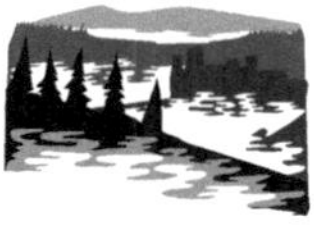

لړه

ערפל

وريځ

ענן

توفان

סערה

تندر

רעם

رنپا

ברק

سیلاب

שיטפון

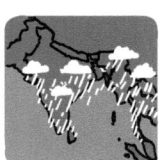

مون سون باران

רוח עונתי

ژلی وریدل

ברד

فبروري

פברואר

جنوري

ינואר

یخ

קרח

مئی

מאי

اپریل

אפריל

مارچ

מרץ

اگست

אוגוסט

جولای

יולי

جون

יוני

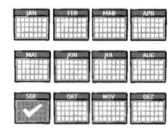

سبتمبر
....
ספטמבר

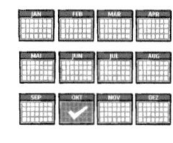

اكتوبر
....
אוקטובר

نومبر
....
נובמבר

دسمبر
....
דצמבר

شكلونه

צורות

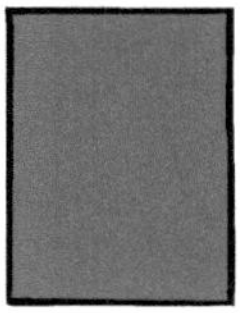

دايره
....
עיגול

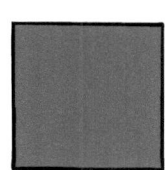

مربع
....
מרובע

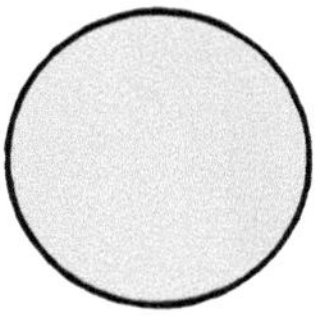

مستطيل
....
מלבן

مثلث
....
משולש

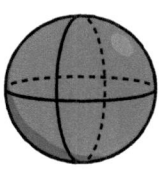

توپ
....
כדור

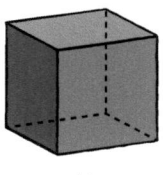

فال
....
קובייה

رنگونه

צבעים

نارنجي
....
כתום

ژیر
....
צהוב

سپین
....
לבן

ارغواني
....
סגול

سور
....
אדום

گلابي
....
ורוד

نسواري
....
חום

شین
....
ירוק

نیلي
....
כחול

تور
....
שחור

خر
....
אפור

ښکلی/بدشکله

יפה / מכוער

قار/ارام

כועס / רגוע

خورا ډير/خورا لږ

הרבה / מעט

روښانه/تياره

בהיר / כהה

لوی/کوچنی

גדול / קטן

پيل/پای

התחלה / סוף

مکمل/نامکمل

שלם / חלקי

پاک/ککړ

נקי / מלוכלך

ورور/خور

אח / אחות

پراخه/نری

רחב / צר

مړ/ژوندی

מת / חי

ورځ/شپه

יום /לילה

پاريدلی/بي خونده
....
מתרגש / משועמם

بد/مهربان
....
רשע / טוב לב

د خوراک وړ/نه خوړل کيدونکی
....
אכיל / לא אכיל

ملګری/دښمن
....
חבר / אויב

لومړی/وروستی
....
ראשון / אחרון

چاق/وچ
....
שמן / רזה

دروند/سپک
....
כבד / קל

سخت/نرم
....
קשה / רך

ډک/تش
....
מלא / ריק

غيرقانوني/قانوني
....
בלתי-חוקי / חוקי

ناروغ/روغ
....
חולה / בריא

لوږه/تنده
....
רעב / צמא

نږدې/لرې
....
קרוב / רחוק

کيڼ/ښي
....
שמאל / ימין

هوښيار/ساده
....
נבון / טיפש

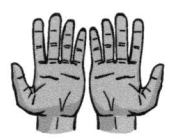

بډا/ځوان

....

זקן / צעיר

هيڅ/يوڅه

....

כלום / משהו

نوی/زوړ

....

חדש / משומש

غلی/لوړ غږ

....

שקט / רועש

خلاص/تړلی

....

פתוח / סגור

چالان/بند

....

פעיל / כבוי

زیږ/ملایم

....

מחוספס / חלק

صحيح/غلط

....

נכון / שגוי

بډایه/غریب

....

עשיר / עני

سست/ګړندی

....

איטי / מהיר

لنډ/اوږد

....

קצר / ארוך

خفه/خوښ

....

עצוב / שמח

جګړه/سوله

....

מלחמה / שלום

ګرم/يخ

....

חם / קר

لوند/وچ

....

רטוב / יבש

מספרים

0 صفر אפס	**1** یو אחת	**2** دوه שתיים
3 درې שלוש	**4** څلور ארבע	**5** پنځه חמש
6 شپږ שש	**7** اوه שבע	**8** اته שמונה
9 نهه תשע	**10** لس עשר	**11** یولس אחת-עשרה

12	**13**	**14**
دولس	دیارلس	څوارلس
....	....	....
שתים-עשרה	שלוש-עשרה	ארבע-עשרה
15	**16**	**17**
پنځلس	شپاړس	وولس
....	....	....
חמש-עשרה	שש-עשרה	שבע-עשרה
18	**19**	**20**
اتلس	نولس	شل
....	....	....
שמונה-עשרה	תשע-עשרה	עשרים
100	**1.000**	**1.000.000**
سل	زر	میلیون
....	....	....
מאה	אלף	מיליון

ژبې
שפות

چینایی مندرین

סינית מנדרינית

امریکایی انګلسي

אנגלית אמריקאית

انګلسي

אנגלית

فرانسوي

צרפתית

هسپانوي

ספרדית

هندي

הודית

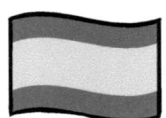

پرتګالي

פורטוגזית

روسي

רוסית

عربي

ערבית

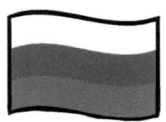

جاپاني

יפנית

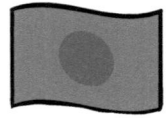

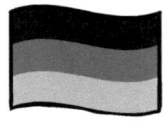

آلماني

גרמנית

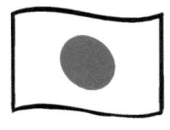

بنګالي

בנגלית

ڠوک/ڠه/ڠنکـه

מי / מה / איך

هغه/دغه/دا

....

הוא / היא / זה

ته

....

אתה / את

زه

....

אני

دوي/هغوی

....

הם

تاسي

....

אתם

موږ

....

אנחנו

ڠنکـه؟

....

איך?

ڠه؟

....

מה?

ڠوک؟

....

מי?

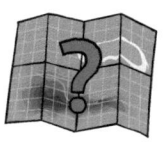

HELLO, I AM

نوم

....

שם

كله؟

....

מתי?

چيري؟

....

איפה?

איפה

په مخه کي

לפני

په

בתוך

شاته

מאחור

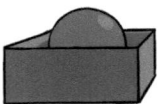

لاندي

מתחת

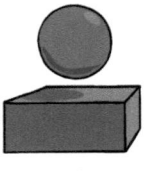

په

על

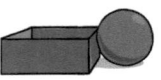

باندي

מעל

ځای

מקום

ترمينځ

בין

برسيره پر

ליד

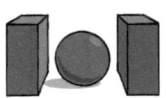